OUVRAGES DE L'AUTEUR

La Cochinchine contemporaine, par le capitaine d'infanterie de marine A. Bouinais et A. Paulus, professeur à l'École Turgot, 1 vol. in-8º de 500 pages, avec carte générale de la Cochinchine, par le commandant Bigrel. Paris 1884, Challamel aîné, éditeur, 5, rue Jacob, 7 fr. 50, *franco*.

La Guadeloupe, physique, politique, économique, par le capitaine d'infanterie de marine A. Bouinais, 1 vol. in-12 de 200 pages. Paris, Challamel aîné, éditeur, 5, rue Jacob, 2 fr. 50 *franco*.

Carte physique et politique de la Guadeloupe en 10 couleurs, par le même, Challamel, Paris, 3 fr.

Les deux, *franco*, 5 francs.

Ces deux ouvrages ont été couronnés aux congrès géographiques de Bordeaux et de Lyon.

Rouen. — Imp. E. Cagniard, rues Jeanne-Darc, 88, et des Basnage, 5

LA BASSE-COCHINCHINE

ET LES

INTÉRÊTS FRANÇAIS EN INDO-CHINE

EN 1884

Par le Capitaine d'infanterie de marine

A. BOUINAIS

Officier d'ordonnance du Ministre de la Marine et des Colonies, Licencié en droit,
Chevalier de la Légion-d'Honneur, Commandeur de l'Ordre Royal d'Isabelle
la Catholique, Officier d'Académie et des Ordres de la Couronne de Siam
et du Cambodge

ROUEN

IMPRIMERIE DE ESPÉRANCE CAGNIARD

Rues Jeanne-Darc, 88, et des Basnage, 5

1884

LA
BASSE-COCHINCHINE

ET LES

INTÉRÊTS FRANÇAIS EN INDO-CHINE

EN 1884

Par le Capitaine d'infanterie de marine

A. BOUINAIS

Officier d'ordonnance du Ministre de la Marine et des Colonies, Licencié en droit,
Chevalier de la Légion-d'Honneur, Commandeur de l'Ordre Royal d'Isabelle
la Catholique, Officier d'Académie et des Ordres de la Couronne de Siam
et du Cambodge

ROUEN

IMPRIMERIE DE ESPÉRANCE CAGNIARD

Rues Jeanne-Darc, 88, et des Basnage, 5

—

1884

LA BASSE-COCHINCHINE

Et les intérêts français en Indo-Chine en 1884

MONSIEUR LE PRÉSIDENT,

Vous venez de rappeler, en termes émus, le patriotisme de l'infanterie de marine à Bazeilles, à Paris, à l'armée du Nord, à l'armée de la Loire et à l'armée de l'Est où nous avons eu l'honneur de combattre les derniers. Je dirai à mes camarades le bienveillant accueil que vous m'avez accordé : je vous remercie en leur nom. En 1870, alors hussard aux armées du Rhin, de Sedan et de la Loire, je n'appartenais pas encore à l'arme, mais je peux vous dire, avec le souvenir de ces tristes et glorieuses journées, que tous, officiers et soldats, nous avons fait notre devoir, comme aujourd'hui nous le faisons au Tonkin et à Madagascar.

MESDAMES et MESSIEURS,

Je suis heureux de prendre la parole dans cette capitale

de la Normandie. Je connais les antiques gloires maritimes de la province, depuis le moyen âge où, précédant les Portugais, vos ancêtres colonisaient les côtes de l'Afrique, jusqu'à Dumont d'Urville, enseveli à côté de Paris, après avoir suivi les traces de La Pérouse. Merci donc, M. le Président et vous M. le Secrétaire général, tous deux si dévoués à la science géographique, de m'avoir procuré l'heureuse fortune de vous exposer un sujet qui m'est cher, dans cette grande cité, si vivante par les souvenirs historiques et les affirmations innombrables de son patriotisme et de son amour des lointaines expéditions.

I

HISTORIQUE

Jusqu'au xve siècle, le Tonkin et l'empire d'Annam furent des dépendances de la Chine. A cette époque, ils s'affranchirent, et, au xviie siècle, ajoutèrent à leur territoire la Cochinchine actuelle, enlevée aux Cambodgiens.

Les rapports de la France avec l'Indo-Chine datent du temps de Colbert; ils devinrent très amicaux sous Gia-Long. Monseigneur Pigneau de Béhaine, évêque d'Adran, missionnaire apostolique, l'un des cœurs les plus français qui aient servi leur pays, en extrême Orient, signa avec ce souverain, en 1787, un important traité qui nous donnait le port de Tourane, et l'archipel de Poulo-Condore, dépendant actuellement de la Cochinchine.

Nous faisions, en même temps, avec Gia-Long une alliance offensive et défensive et nous mettions à sa disposition des officiers français, Dayot, Ollivier, Chaigneau, de Forsans, et Vannier pour l'aider à reconstituer la puissance de son royaume.

Ce sont eux qui construisirent les citadelles, d'après le système de Vauban, de l'Annam, de la Basse-Cochinchine et celles du Tonkin que nous sommes, aujourd'hui, obligés d'enlever de vive force.

Les successeurs de Gia-Long se rappelèrent — moins la reconnaissance — ses dernières paroles à Minh-Mang en 1820 : « Mon fils, aime les Français, sois leur reconnaissant de ce qu'ils ont fait pour nous, mais ne leur permets *jamais* de mettre le pied dans ton empire ».

Les persécutions dont nos missionnaires et ceux de l'Espagne furent victimes, amenèrent, en 1858, l'amiral Rigault de Genouilly, commandant le corps franco-espagnol, devant Tourane. Ce port fut occupé, du 31 août 1858 au 23 mars 1860. L'amiral s'empara de Saïgon le 17 février 1859.

La conquête de la Cochinchine fut abandonnée momentanément, pendant la guerre d'Italie et l'expédition de Chine, et fut reprise, avec vigueur, par l'amiral Charner; elle se termina par le traité de Saïgon, du 5 juin 1862.

Il nous paraît très à propos de vous rappeler, au moment où le Céleste-Empire manifeste du côté du Tonkin d'exorbitantes prétentions, l'article 4 de ce traité.

En voici le texte :

« La paix entre la France et l'Annam étant faite, si une

nation étrangère voulait, soit en usant de provocation, soit par un traité, se faire donner une partie du territoire annamite, le Roi d'Annam préviendra, par envoyé, l'Empereur des Français, afin de lui soumettre le cas qui se présente, en laissant à l'Empereur pleine liberté de venir en aide ou non au royaume d'Annam ; mais, si dans ledit traité avec la nation étrangère, il est question de cession de territoire, cette cession ne pourra être sanctionnée qu'avec le consentement de l'Empereur des Français ».

Il me semble que cet article, rapproché des événements qui se déroulent présentement au Tonkin, est la meilleure justification de la politique que nous y suivons.

Nous ne pouvons laisser aux mains des Chinois, quel que soit le prétexte dont ils se couvrent, pour s'en emparer, une parcelle du territoire annamite.

La période de conquête de la Basse-Cochinchine fut des plus glorieuses pour nos troupes et celles de nos alliés les Espagnols.

Nous voudrions nous y arrêter un instant.

Le combat sanglant des lignes de Ki-hoa, situées au nord de Saïgon, livré le 25 février 1861, où fut blessé grièvement le général de Vassoigne, qui plus tard commanda l'infanterie de marine à Bazeilles, où périrent le colonel Testard, l'enseigne de vaisseau Johanneau Larégnère, et tant d'autres plus obscurs et non moins vaillants, rappelle en bien des points l'affaire de Son-Tay.

A Ki-hoa comme à Son-Tay, l'ennemi montra la plus

grande solidité et nos troupes durent faire preuve d'une intrépidité et d'un élan remarquables.

A Ki-hoa, nous eûmes 225 hommes hors de combat dont 12 tués; à Son-Tay, 85 hommes tués dont 4 officiers, 240 blessés dont 15 officiers.

Les Annamites, en Cochinchine, eurent un millier d'hommes tués ou blessés; au Tonkin les pertes des Pavillons-Noirs, Chinois et Annamites, imparfaitement connues, ont dû être nécessairement beaucoup plus élevées.

Nous devons observer combien ce combat de Son-Tay a été plus meurtrier pour nous. Cela tient évidemment au plus grand nombre de nos ennemis et au perfectionnement de leur armement. Nos adversaires de la Plaine des Tombeaux, en 1861, n'avaient ni les fusils à tir rapide, ni l'artillerie de précision dont ils ont fait usage à Son-Tay.

Comme à Ki-hoa, l'ennemi a fait un emploi fort habile de la fortification passagère. Défenses accessoires précédant l'escarpe, lignes de trous de loup dissimulés par de légers clayonnages garnis de fers de lance ou de bambous épointés, petits piquets, etc., tels sont les obstacles qu'ont dû franchir nos soldats.

A Ki-hoa, l'ennemi, chassé de sa première ligne, se retira sur le fort du Mandarin qu'il fallut enlever; le vaillant amiral Courbet, secondé par le colonel d'infanterie de marine Bichot (1), dut également emporter

(1) Les étoiles de général de brigade ont été la récompense de la bravoure, de l'entrain et du dévouement du colonel Bichot qui, pendant toute cette campagne, a fait preuve de brillantes qualités

d'abord les retranchements de Phusa avant d'aborder Son-Tay.

C'est à ce moment qu'il a dû, comme l'amiral Charner, faire intervenir la réserve qu'il s'était sagement ménagée.

Après Ki-hoa, les Annamites ne désarmèrent pas et se fortifièrent à Mytho où nous dûmes les poursuivre, perdant devant cette citadelle le capitaine de frégate Bourdais, tué par un boulet, aux côtés duquel était le ministre actuel de la marine, l'amiral Peyron.

Après Son-Tay, l'ennemi s'est retranché à Bac-Ninh et nous avons dû l'y atteindre.

Vous connaissez le beau succès stratégique du général Millot.

Nos pertes sont insignifiantes — 100 canons et un matériel considérable sont entre nos mains, les étendards d'Hoang-Ké-Viem, prince de la famille impériale d'Annam, un de nos ennemis acharnés, nous appartiennent, nos généraux donnent la poursuite à l'ennemi.

Quelques esprits mal au courant des choses asiatiques

militaires, et d'une connaissance profonde des soldats qu'il avait à diriger.

Le contre-amiral Courbet a été fait vice-amiral et grand officier de la Légion d'Honneur. Il faut lire les lettres des officiers du corps expéditionnaire, pour apprécier l'ascendant que ce caractère élevé, cette âme fière autant qu'énergique, ce cœur généreux, avait su prendre sur les troupes qu'il commandait. Son abnégation quand il a su que les circonstances politiques faisaient passer, en d'autres mains, le commandement, le soin jaloux qu'il a mis à tout préparer pour son successeur, peignent mieux que tous les éloges, cette nature d'élite.

semblent avoir regretté que les troupes de Bac-Ninh eussent pu s'enfuir.

C'est au contraire très heureux.

Qu'en eussions nous fait ?

En Asie on ne fait pas de prisonniers. — Tout ennemi capturé est décapité. — Nous n'aurions pu songer à accomplir semblable besogne, nous n'avions pas non plus la place nécessaire pour loger dans nos pénitenciers des adversaires qui sont hors du droit des gens, puisque nous ne sommes pas en guerre avec l'Annam, et que la Chine ne nous a pas déclaré la guerre.

Nous retrouverons d'ailleurs bientôt les défenseurs de Bac-Ninh, les armes à la main continuant à pirater où à écumer les grandes routes, ou fondus dans la population tonkinoise labourant une rizière et se donnant comme de paisibles agriculteurs.

De temps à autre, l'instinct de la guerre se réveillera chez l'homme des champs, son frère d'armes lui proposera quelque coup à faire, une insurrection locale éclatera, comme autrefois en Cochinchine. Réprimées énergiquement, de semblabes tentatives deviendront moins aisées et la tranquillité règnera avec d'autant plus de facilité qu'on aura été plus prompt à étouffer le soulèvement (1).

En Cochinchine notre conquête s'était d'abord bornée

(1) Au moment où nous revoyons le manuscrit de notre conférence, la prise de Hong-Hoa est un fait accompli et un nouveau succès de nos braves soldats à enregistrer.

La campagne telle que l'a comprise M. le Président du Conseil, à l'occupation des trois provinces de l'Est, mais le voisinage des provinces de l'Ouest, restées à l'Annam, devint bientôt gênant, et nous dûmes nous en emparer. L'opération fut faite sans coup férir par l'amiral La Grandière.

Je voudrais avoir le temps d'insister davantage sur les

limitée à l'occupation du Delta est donc terminée, et nous allons passer à la phase d'organisation.

Est-ce à dire qu'après Hong-Hoa, nous désarmerons? Assurément non, mais nous pourrons réduire les effectifs européens et organiser des corps tonkinois.

Nos gouvernants ont eu, il faut les en louer, la sagesse de limiter leur programme pour mieux le remplir, et si plus tard ils ont à marcher en avant, pour occuper la ligne frontière Langson, Cao-Binh, Thaï-Nguyen, Tuyen-Quang, Laokay, réclamée par tant de bons esprits qui ont mûri la question sur les lieux — ils partiront d'une base solide, puissamment organisés.

Si donc, on ne s'avance pas, immédiatement, vers le nord du Tonkin pour s'y emparer des clefs, ce n'est qu'un retard, fruit de notre prudence, et dont il n'y a pas lieu, pour le moment, de s'inquiéter outre mesure.

Les derniers télégrammes annonçaient que Thaï-Nguyen, si brillamment enlevée par le général d'infanterie de marine, Brière de l'Isle, allait être réoccupée. — C'est un premier pas fait vers les citadelles du Nord. — Laokai ne peut manquer d'être occupée vers juin si l'on veut assurer la libre navigation du fleuve Rouge. Notre installation en ce point amènera certainement les Chinois à nous offrir, d'eux-mêmes, une frontière convenable au Nord, car, de Laokai au cœur du Yûn-Nân, il y a bien peu de chemin, et les Célestes ne redoutent rien tant que la présence des Européens, dans ces provinces si faciles à détacher de l'autorité royale.

Le Delta est d'ailleurs un vaste champ à labourer. Il prospèrera rapidement, si nous avons la précaution d'occuper le Than-Hoa et le Nghé-An, les deux préfectures frontières de l'Annam les plus incidents de la conquête, remarquons au moins le fait, qui est la règle commune dans les pays d'extrême Orient, et qui se reproduira sous peu au Tonkin.

Vous occupez d'abord une province avec l'intention de vous y cantonner et d'entretenir des rapports de bon voisinage avec les provinces restées sous la domination du possesseur du sol; mais bientôt les voisins deviennent inquiétants, vous souffrent avec impatience, ne s'habituant jamais à vous accepter définitivement, font des incursions sur vos frontières, piratent dans vos rivières et *vous conduisent fatalement à réprimer chez eux les désordres qu'ils viennent commettre chez vous.*

Et voilà comment une province s'annexe à une autre, comment la civilisation englobe, peu à peu, tous les petits royaumes asiatiques qui tombent en dissolution et ne s'arrête que devant des frontières bien définies, devant des empires fortement constitués et sagement gouvernés.

C'est la loi inéluctable du progrès.

remuantes du Tonkin, le foyer de toutes les insurrections, des massacres contre les chrétiens, le centre ou se réfugierait, au milieu des lettres, la dynastie de Hué, si elle venait à faire un acte de désespoir.

Nous ne saurions trop insister sur la nécessité de s'établir fortement dans ces provinces, car, s'il sera bientôt nécessaire de prendre les clefs de la porte ouverte aux chinois au Nord, il est non moins indispensable de fermer aux mandarins de Hué l'accès du Tonkin, à peine d'être perpétuellement sur les dents pour réprimer les innombrables insurrections que fomenteront leur haine contre nous et leurs astucieux agissements.

La conquête de la Cochinchine fut complétée, en 1867, par l'occupation, sans coup férir, des trois provinces de l'Ouest, opérée par l'amiral de La Grandière, l'un des gouverneurs qui ont le plus patriotiquement servi leur pays en extrême Orient.

Dès 1863, le même amiral avait établi, avec l'aide de Doudart de Lagrée, notre protectorat au Cambodge, que se disputaient les Annamites et les Siamois.

Enfin, en 1874, nous avons signé avec l'Annam, à la suite de l'exploration de Dupuis et de l'expédition de Garnier au Tonkin (encore un mort qui mérite ainsi que ses compagnons toute notre admiration), un traité nous donnant le protectorat du Delta du fleuve Rouge et ouvrant au commerce cette importante artère, la plus directe des routes de l'intérieur de la Chine à la mer.

L'inéxécution de ce traité a déterminé notre action actuelle et a abouti, du côté de l'Annam, au traité du 25 août 1883, signé par le commissaire général civil de la République, le docteur Harmand.

Ce traité sera soumis aux Chambres, dès que les évènements du Tonkin le permettront.

II

GÉOGRAPHIE PHYSIQUE

La Cochinchine a la forme d'un quadrilatère irrégulier, de 60,000 kil. carrés de superficie, soit environ le 1/10 de la France. Elle est située entre 8° (pointe de Camau), et

11° 30′ de latitude nord et entre 102° 5′ 55″ (Hatien) et 105° 5′ 55″ de longitude orientale. L'heure de Saïgon avance de 6 h. 57 m. sur celle de Paris. Elle est bornée, au nord, par le royaume du Cambodge soumis à notre protectorat, les territoires Moïs, — les Moïs sont des demi-sauvages qu'un jour la France fera naître à la civilisation, — par la province annamite de Khagne-Hoa, depuis le traité Harmand nous annexant le Binh-Thuan (1), au sud-est, par la mer de Chine, à l'ouest par le golfe de Siam; sa plus grande longueur du nord-ouest au sud-ouest est de 385 kil.; sa plus grande largeur de l'ouest à l'est de 330 kil.

Les côtes qui mesurent environ 110 lieues, sont découpées par les embouchures du Mékong et du Donnaï.

La Cochinchine est de formation récente. C'est un présent de son grand fleuve le Mékong, aussi chaque année le rivage s'avance-t-il dans la mer. Les hautes terres ne commencent que vers Saïgon. Autrefois, toute la Basse-Cochinchine devait être un golfe : la présence de

(1) Si nous en croyons certains bruits, le gouvernement français se contenterait de l'effet produit, en Annam, par l'annonce de l'annexion de cette province à la Basse-Cochinchine, et n'en ferait pas une question essentielle. — Assurément, cette province est pauvre, et son annexion serait peu avantageuse au point de vue économique pour la Basse-Cochinchine, mais au point de vue politique, elle aurait eu l'avantage d'impressionner très vivement les mandarins de Hué. Une fois de plus le gouvernement de la République française, s'il persiste dans cette résolution, aura fait preuve d'une mansuétude remarquable à l'égard des hobereaux d'Annam.

Nous souhaitons que notre générosité porte les fruits qu'elle recherche.

bancs de corail, au sud de Saïgon, en est une preuve irrécusable, car on sait que les madrépores ne vivent qu'à une certaine profondeur dans les eaux de mer.

Une série d'îles dont les plus importantes sont Phu-Quoc, grande environ comme la Martinique, et l'archipel de Poulo-Condore, entourent la Cochinchine.

Le sol est généralement bas, les rizières en couvrent une partie, les forêts de palétuviers, de 1 à 2 mètres de hauteur, bordent les fleuves; d'immenses plaines d'herbes et de joncs, qui seront un jour cultivées, constituent le reste du territoire.

Il y a en Cochinchine deux saisons : la saison sèche, d'octobre en avril, où la température varie de 35° à 17°, la saison des pluies, d'avril en octobre, pendant laquelle la température varie de 20° à 30°.

Comme vous le voyez, cette température n'est pas excessive, aussi est-ce moins au degré auquel s'élève le thermomètre qu'à la constance de la chaleur chargée d'humidité qu'il faut attribuer les effets pernicieux de la chaleur.

La grande mortalité qui a frappé notre armée, au début de l'occupation et qui s'est élevée, en 1861, jusqu'à 11,56 pour 100 des effectifs entretenus, a donné une triste célébrité au climat de la Cochinchine. Toutefois, de grands progrès ont été accomplis; la mortalité est tombée à 4,82 pour 100. Par malheur, il arrive souvent que les Européens, anémiés par le séjour de la Cochinchine, succombent à leur retour, c'est la cause de la mort récente des colonels Laurent et Raybaud, dont l'infanterie de marine ressent cruellement la perte. Il faut de temps à autre revenir dans le pays natal pour refaire ses forces épuisées. C'est pour cette raison que le temps normal de séjour des troupes a été réduit de trois à deux années, sur les indications d'un éminent médecin de la marine, Lalluyaux d'Ormay.

La dyssenterie, la fièvre pernicieuse, la diarrhée chronique sont les maladies qui font le plus de victimes parmi nos nationaux, le choléra et la variole parmi les indigènes.

Les Annamites attribuent l'origine de ces affections à l'invasion de mauvais esprits (*con-ma-dau*). Les *con-ma-dau* sont les âmes des personnes mortes de ces affections, et qui attirent à elles les vivants. Pendant la durée des épidémies les soins sont donnés aux malades par les sorciers ou *thay-phap* qui, seuls, ont la puissance de dompter les esprits par des amulettes ou des incantations; les rivières sont sillonnées de bateaux de papier montés sur des radeaux qui doivent porter les philtres meurtriers à la mer; les autels domestiques sont exposés hors des maisons et des processions parcourent les villages au bruit du gong, du tam-tam et des pétards.

L'administration française ne pouvait admettre ces remèdes fantaisistes. Elle s'est attachée à entraver les ravages de la variole par l'inoculation; des médecins vaccinateurs parcourent les principaux centres et sont aidés dans leur œuvre par les administrateurs. Quant au choléra, il est combattu autant que possible. Pendant la terrible épidémie de 1882 qui enleva 20,000 indigènces, nos médecins parcoururent le pays. Ils étaient encouragés par l'exemple du chef de la colonie, M. le Myre de Vilers, qui se transportait partout où le fléau faisait son apparition, entrait dans les paillottes, encourageait les cholériques, distribuait les remèdes et les secours. Il se rendit au Cambodge pour faire enterrer les morts abandonnés sans sépulture, et préserva ainsi la Cochinchine de la peste. Le courage personnel, l'amour du devoir, l'abnégation seront toujours considérés par les indigènes comme la meilleure politique de la France et nos agents à l'étranger ne sauraient en donner de trop nombreuses preuves.

Au Tonkin le climat est beaucoup plus sain. La saison des pluies y est plus redoutable qu'en Cochinchine, mais dans la saison sèche, le thermomètre descend jusqu'à 8° au-dessus de zéro, nos soldats y ont froid, au point d'être obligés d'y faire du feu. Cet abaissement de température est particulièrement favorable au rétablissement de leurs forces.

Aussi tous nos camarades qui revenaient du Tonkin en Cochinchine, avaient-ils fort bonne mine.

Quand nous serons solidement établis au Tonkin, on pourra, par un sage roulement, entre les troupes de Cochinchine et celles du fleuve Rouge, diminuer considérablement la mortalité de notre colonie du Mékong. Il sera facile de trouver au Tonkin, pour le plus grand profit de nos soldats, des sanitoria analogues à ceux de *Salazie* à la Réunion, de *Balata* à la Martinique, du *Camp-Jacob* à la Guadeloupe.

III

GÉOGRAPHIE POLITIQUE

Nous avons passé, rapidement, sur la géographie physique ; nos auditeurs qui voudront bien se reporter au livre que nous avons écrit avec M. Paulus, agrégé de l'Université, professeur d'histoire et de géographie à l'école Turgot, sur la Cochinchine, y trouveront de nombreux détails qu'on ne peut bien suivre que la carte à la main.

L'organisation politique de notre colonie mériterait une conférence spéciale, nous l'exposerons succinctement pour vous entretenir plus longuement des Annamites et des produits économiques de notre possession.

Une grande cité commerçante comme Rouen, un port de son importance ont besoin d'être exactement renseignés sur les ressources et les débouchés que peut offrir notre colonie de l'extrême Orient.

Jusqu'en 1879, la Cochinchine a été soumise au régime militaire. Elle a eu pendant cette période 20 gouverneurs ou commandants en chef, titulaires ou intérimaires ; ces fréquents changements de fonctionnaires ne sont pas un des moindres inconvénients du climat.

Pendant cette période, nos amiraux gouverneurs ont consolidé notre conquête, préparé les réformes de la phase suivante et fait preuve d'un patriotisme et d'une intelligence au-dessus de tous les éloges. *C'est à eux que nous devons la Cochinchine.*

En 1879, le régime civil a été substitué au régime

militaire. — Cette tâche délicate a été confiée à M. Le Myre de Vilers, ancien officier de marine, ancien préfet, ancien directeur des affaires civiles en Algérie, dont je m'honore d'avoir été l'aide de camp en même temps que chef du bureau politique de son gouvernement.

Voici sommairement les principales réformes :

Les pouvoirs judiciaire et administratif ont été séparés, notre code pénal appliqué aux indigènes, un projet de code civil compatible avec les mœurs de nos sujets élaboré, la corvée abolie, de grands travaux publics entrepris, nos relations avec le Cambodge rendues plus étroites.

Pendant toute cette période de travail, *l'ordre public n'a pas été troublé une seule fois, et depuis notre expédition du Tonkin, nous n'avons eu aucun désordre à réprimer.* — C'est là une constatation bien précieuse et pleine de promesses pour notre futur établissement du fleuve Rouge où la tranquillité sera la même quand nous aurons purgé le Delta des pirates qui le désolent, et occupé fortement les points stratégiques nous permettant de prévenir *l'infiltration* des bandes armées qui, depuis longtemps, considèrent ce pays comme taillable et corvéable à merci.

Au Tonkin, comme au début en Cochinchine, nos troupes n'auront pas, — la période des opérations terminée, — d'engagements sérieux, mais elle devront soutenir des combats d'embuscade, poursuivre des écumeurs d'arroyos insaisissables. La sagesse du gouvernement a prévu cette éventualité et proportionné l'effectif de ses troupes au but à atteindre. L'occupation de la citadelle de Hué, si elle est réalisée, facilitera d'ailleurs considérablement notre tâche. Nous ne verrons plus,— si nos précautions sont bien prises et les leçons du passé mises à profit, — les insurrections éclater sur le Delta, comme naguère en Cochinchine où sur l'invitation de mandarins royaux, qui délivraient des brevets (*bang cap*) de général, de colonel, de capitaine, quelques coquins se réunissaient et jetaient l'inquiétude dans la contrée, par de nombreux actes de piraterie; lorsque la récolte était rentrée et le sol des rizières asséché, *en avril et en mai*, ils se donnaient rendez-vous au milieu de la nuit dans un gros village dont ils commençaient par arrêter les chefs; on battait le *tam-tam* et les habitants se rendaient à cette convocation légale et obligatoire; alors les notables, sous la menace de mort, donnaient aux serfs (le servage a été seulement supprimé en 1879) l'ordre d'obéir aux bandits; chacun s'armait d'un bambou, et la troupe se mettait en marche pour le village voisin; on opérait de la même manière, et les maisons des propriétaires signalés comme attachés aux Français étaient pillées. De proche en proche, le mouvement se généralisait, et, si le chef des bandits était hardi et entreprenant, s'il surprenait un de nos postes isolés, il devenait alors maître de la région, tous les villages lui obéissaient; il nous fallait un mois pour rétablir l'ordre.

C'est ainsi que les choses ont dû se passer lors des récents massacres des chrétiens, signalés par Mgr Puginier.

Pour éviter au Tonkin de semblables complications,

il faudra donc exercer une surveillance incessante, et réprimer énergiquement toute tentative de désordre.

Nos nombreuses canonnières, notre véritable cavalerie dans le Delta, nous y aideront puissamment.

Quelques canonnières type « arquebuse » avec un canot à vapeur, servant d'éclaireurs, pouvant fouiller les moindres aroyos, jetant rapidement quelques hommes sur la rive d'un fleuve, feront plus pour la pacification du Delta que de nombreuses compagnies difficiles à déplacer dans ce pays.

Nous avons eu, dans différentes guerres, des *raids* de cavalerie; au Tonkin, nous aurons des *raids de canonnières*, courses rapides de nos bâtiments, à faible tirant d'eau, un jour là, le lendemain, à quelques milles plus loin, fouillant, scrutant les berges du fleuve et des affluents, rassurant les populations, détruisant la piraterie, empêchant le commerce des personnes, arrêtant la contrebande de guerre, celle de l'opium, etc. (1).

A la tête de la Cochinchine, est le gouverneur; il a la

(1) Les huit chaloupes canonnières à vapeur en acier et démontables (*Arquebuse*, *Avalanche*, *Alerte*, *Mutine*, *Redoute*, *Tirailleuse*, *Bourrasque et Rafale*), que construit la société des ateliers et chantiers de la Loire, ont une force d'au moins 140 chevaux de 75 kilogrammètres sur les pistons, obtenue sans qu'il soit nécessaire de dépasser 210 tours et une tension de vapeur de 6 atmosphères effectives à la chaudière, en tôle d'acier avec tubes en laiton, la cheminée pouvant se rabattre.

Ces bâtiments sont étanches et rigides de 30 mètres de longueur à la flottaison, d'un tirant d'eau de 1 m. 10 en moyenne en eau douce, d'une vitesse de 8 nœuds 5 avec une consommation de disposition des forces de terre et de mer et dirige l'administration. Il est assisté d'un conseil privé, analogue à nos conseils de préfecture.

charbon de 1 k. 20 par heure et par cheval. — La vitesse pourra atteindre 9 nœuds.

Ces canonnières sont *amphidromes* (marchant par l'avant et par l'arrière). Elles ont deux hélices et peuvent prendre un approvisionnement suffisant pour parcourir 1000 milles marins à la vitesse de 8 nœuds 5. Elles auront un distillateur pour renouveler la provision d'eau douce.

L'armement comprendra 2 canons en bronze de 90 m/m approvisionnés à 105 coups par pièce et montés sur affût à pivot central, plus 3 canons révolvers de 37 m/m approvisionnés à 1200 coups. A chaque extrémité il y aura des pavois demi-circulaires en tôle d'acier de 5 m/m pour protéger les canonniers. — Des dispositions seront prévues pour l'installation de 2 pièces à l'avant. Il y aura un mât de signaux comportant un poste de canon révolver, protégé par un abri circulaire en tôle de 4 m/m. Elles coûteront chacune environ, avec leur armement, 192.400 francs.

Indépendamment de ces 8 canonnières, il y aura 4 avisos de flotille type *Henri Rivière*, à roues à l'arrière, d'un plus faible tirant d'eau, destinées à remplacer les chaloupes canonnières de l'ancien modèle, type *Carabine*, qui servent encore en Cochinchine. — Elle coûteront chacune 340.000 francs.

En outre il existe, actuellement, au Tonkin 2 avisos de flotille *la Trombe* et *l'Eclair*, d'une valeur de 370.000 francs chacun, du type primitif des canonnières *Henri Rivière*, plus deux canonnières achetées à Bombay et deux canonnières Farcy qui ont servi pendant le siège de Paris.

Nous aurons aussi plusieurs grandes canonnières, *Léopard*, *Fanfare*, *Surprise*, *Hyène*, *Jaguar*, d'une valeur d'environ 480,000 fr. et l'aviso le *Pluvier*, valant 760,000 fr., portant le guidon du chef de la flotille, qui est un capitaine de vaisseau.

Le Conseil colonial, sorte de petit parlement, joue le rôle de nos conseils généraux. Sur 16 membres, 6 sont Annamites. Sans doute, ces derniers rendent encore peu de services, et il faut voir surtout dans leur présence au conseil une espérance pour l'avenir et un gage donné à nos sujets de notre respect de leurs droits.

La Cochinchine est divisée en 21 arrondissements à la tête desquels sont des administrateurs, sous les ordres du directeur de l'intérieur. A la fin de 1882, les conseils d'arrondissement ont été institués. En y appelant les notables, le gouvernement avait pour but de faire participer plus largement l'indigène à la vie publique. Il a pleinement réussi, et ces assemblées seront désormais l'un des obstacles les plus puissants à la révolte et aux insurrections qui, vous l'avez vu, étaient naguère fomentées si aisément.

L'arrondissement est à son tour divisé en cantons et en communes, sortes de petites républiques oligarchiques, au nombre de 2,406.

Enfin la colonie est représentée au Parlement, depuis 1881, par un député, l'honorable M. Blancsubé.

Le budget est préparé par le directeur de l'intérieur et voté par le conseil colonial; il s'élève en moyenne à 20.000.000 de francs. Le Cambodge a un budget distinct d'environ 150.000 francs, par lequel il subvient aux dépenses de notre protectorat.

La métropole ne contribue aux dépenses de la colonie que par une somme de 4.798.133 francs, comprenant la solde et les frais de passage de la garnison et de certains fonctionnaires à la charge du budget de la marine. Encore la colonie donne-t-elle à la France 2 millions tous les ans.

La Cochinchine ne coûte donc rien à la métropole, car il est mille manières indirectes pour elles de lui rendre, avec usure, les dépenses de *souveraineté*.

Nous entretenons dans la colonie 5.500 hommes de troupes, infanterie de marine et tirailleurs annamites, non compris les équipages de la marine et 2.000 gardes de police indigène. Nous avons un soldat par 2 kilomètres carrés, et 516 habitants, alors que les Anglais, aux Indes, ont 1 soldat pour 126 kilomètres carrés et 8.338. Si nous prenions cette proportion comme base de ce que nous devrons entretenir au Tonkin, qui a environ 200.000 kilomètres carrés, nous arriverions à dire que nous devons y avoir 100.000 hommes.

Mais ce calcul serait *empirique*, et l'on peut réduire beaucoup ce chiffre par le choix de points stratégiques judicieusement déterminés, et tendre à nous rapprocher de la proportion des effectifs des Anglais dans leurs colonies.

Quoi qu'il en soit, on sera obligé de faire appel aux Tonkinois, qui viendront en masse former l'armée indigène dont nous avons besoin; 14.000 ont déjà demandé à être incorporés; nous n'avons pu, faute de cadres, en organiser plus du tiers.

Ces troupes indigènes ont un double avantage. Elles permettent : 1° de diminuer les contingents européens; 2° elles sont à la charge des pays colonisés ou protégés.

Les événements du Tonkin prouvent que l'on peut avoir toute confiance en leur solidité et nos officiers, sans exception, ont rendu un éclatant témoignage de leur valeur à Son-Tay. Dans ces colonnes volantes, qui devront au début parcourir souvent le pays, commandées par des officiers vigoureux, elles seront d'un précieux concours.

Si intéressants que soient ses rapprochements, revenons à la Cochinchine :

L'instruction publique y est donnée par 412 maîtres, à 13.246 garçons et à 1.112 filles. Elle se développe, rapidement, à mesure que les communications deviennent plus faciles. L'enfant est malheureusement encore obligé de passer une partie de la journée en *sampan*, sur les arroyos, pour gagner l'école, — il est donc vrai de dire que, dans ces pays, non-seulement pour développer le commerce, mais encore pour y propager l'instruction, et par suite y faire pénétrer notre civilisation, la première chose à faire est d'ouvrir des routes et de multiplier les moyens de communication.

L'Annamite ne voyage en sampan que parce qu'il n'a ni routes, ni voies ferrées à sa disposition. C'est une vérité de La Palisse, et si nous la rééditons c'est que nous avons souvent entendu nier, en Cochinchine, l'utilité du chemin de fer de Saïgon à Mytho, reconnu maintenant nécessaire pour tous, comme si les *railways* ne s'imposaient pas là où les populations sont denses et les échanges abondants.

La population de la Cochinchine était évaluée, en 1881, non compris les troupes de terre et de mer, à 1.596, 590, Elle se décompose ainsi :

Population européenne.....	Français	1.862	1.927
	y compris 220 asiatiques, sujets français.		
	Étrangers	65	
Asiatiques indigènes.......	Annamites	1.431.142	1.539.619
	Cambodgiens.........	101.837	
	Moïs..................	6.343	
	Chams...............	297	
Asiatiques étrangers.......	Chinois..............	49.922	54.910
	Malabares...........	490	
	Malais..............	4.463	
	Tagals..............	22	
	Autres asiatiques.....	13	
	Total général......		1.596.590

L'Annamite est une variété de la race mongole. Il est petit, mais bien constitué; son teint varie de la couleur de la cire d'église à celle de la feuille morte. Il n'a de barbe qu'à 30 ans. Sa démarche est très aisée, quoique un peu étrange. Il va pieds nus, cependant quelques riches de Saïgon ne dédaignent pas le soulier verni. Le vêtement est plus commode que propre, plus riche que soigné, à peu près le même pour les deux sexes. Les Annamites portent les cheveux longs et les ramassent en chignon, ce qui rend difficile, dans les premiers temps de séjour, de distinguer les hommes des femmes.

Je devrais, pour les dames qui rehaussent de leur charmante présence cette réunion, vous entretenir longuement des femmes annamites, mais cela n'est point si facile qu'on pourrait le supposer. Sont-elles jolies, non assurément, du moins comme nous l'entendons en France, sont-elles laides, oui à coup sûr, mais on s'habitue à leur laideur, et l'un de nos officiers, qui a longtemps vécu en Cochinchine, a pu dire d'elles : « ce sont de *charmantes laides* ». La femme Annamite travaille beaucoup; elle se livre aux occupations du ménage et de plus garde les boutiques, égrène le coton, tisse les étoffes, repique et décortique le riz, et conduit les sampans comme les hommes avec une remarquable dextérité.

Les Annamites sont doux et dociles, capables cependant de résistance, réfléchis, timides, gais, dépensant rapidement leur salaire, et se distinguant ainsi des Chinois, économes et âpres au gain.

Cependant ils sont très attachés aux terrains qu'ils possèdent; ils abandonnent difficilement le village où ils sont nés, où habite leur famille, et où sont les tombeaux de leurs ancêtres. Ils aiment le plaisir, les jeux de hasard, les représentations théâtrales, les combats de coqs et de poissons : c'est là une source fréquente de querelles et de rixes, parfois de meurtres.

Le jeu surtout est une de leurs passions favorites. Le code de Gia-Long punissait, jadis, les joueurs pris en flagrant délit, de 80 coups de bâton. Ces peines sévères n'ont point guéri les Annamites.

Ils sont sobres, toutefois les gens riches aiment trop les liqueurs fortes importées d'Europe et s'adonnent à l'usage de l'opium.

La moyenne de la consommation d'un fumeur d'opium est de 15 centimes par jour, mais les riches fumeurs en consomment pour plus de 4 francs; quand ils arrivent à l'abus exagéré de ce poison, ce sont des condamnés à mort dans un délai de deux à dix ans. L'opium importé en Cochinchine est la sorte *bénarès* de l'Inde, elle renferme 9 p. 100 de morphine que la préparation très compliquée du *chandoo* réduit à 4 1/2 ou 5 p. 100.

Sans nous faire, en quoi que ce soit, le défenseur de l'opium, nous devons cependant faire remarquer que c'est un excitant comme l'alcool dans les pays froids. Son emploi est sans doute indispensable aux ouvriers qui travaillent dans la vase et dans les rizières, ce qui explique la généralité de cet usage. L'abus seul compromet la santé. Rappelons, en passant, que, d'après les lettres de nos officiers, les retranchements de Son-Tay étaient imprégnés de l'odeur de l'opium, et que plus d'un de nos adversaires a trouvé dans ce poison l'ivresse du combat.

Les Annamites se familiarisent rapidement avec les coutumes de la civilisation et sont avides d'apprendre.

Leur courage est remarquable : aux attaques de Tourane, de Saïgon, de Kihoa, et récemment à Hanoï, à Nam-Dinh, à Palan, Thuan-An, à Son-Tay, à Bac-Ninh, ils se sont fait tuer bravement. Voici du reste comment un témoin de la prise de l'inviolable Son-Tay appréciait nos tirailleurs Annamites.

« Les petits tirailleurs annamites, dit-il, ont été fort remarqués. C'était admirable de les voir grimper le long des talus, leur furie était bien française ». Nous nous plaisons à répéter cet hommage, *véritable lettre de naturalisation* pour ces vaillants auxiliaires.

Il est de bon augure pour l'avenir. Le Tonkin pacifié,

on pourra en confier la garde à des troupes indigènes solidement encadrées et se contenter dans le Delta d'une forte réserve de troupes européennes.

Bien des fois, on nous a demandé où il conviendrait de placer cette réserve. — Le lieu importe peu, au point de vue militaire, si nos communications avec l'intérieur sont faciles, et si les canonnières accomplissent bien le rôle qui leur incombe, — ce qu'il faut, avant tout, c'est que cette réserve soit en un lieu *sain* et demeure *compacte,* de manière à pouvoir toujours agir par masses. — Quang-Yen nous paraîtrait un bon point de concentration.

Une croyance généralement répandue parmi les Annamites et les Chinois est que le paradis est fermé aux morts dont la tête est séparée du tronc, ce qui explique pourquoi les Chinois au Tonkin coupent la tête des blessés.

Leur religion est le *bouddhisme,* mais un bouddhisme peu rigoureux, leur vraie religion est le culte des ancêtres.

L'enterrement est pour eux une grande affaire, et chaque Annamite ou Chinois se prépare, toute sa vie, des obsèques solennelles.

Dans certaines maisons on voit le cercueil dans le mobilier paternel : il a été offert par les enfants dans une réunion de famille.

Le jour de l'inhumation, se forme un cortège bruyant avec des musiciens, des pleureurs, de nombreux assistants.

Le christianisme prêché dans l'Indo-Chine, vers le milieu du XVIe siècle, par les dominicains et les jésuites, puis par les prêtres des Missions étrangères, fut presque toujours persécuté. Il existe en Cochinchine environ 75.000 chrétiens, au Tonkin 500.000, qui sont nos plus chauds partisans, soit environ 1/20e de la population totale. Le fond des idées du peuple est le *collectivisme familial* du culte des ancêtres et s'oppose à la diffusion de *l'individualisme chrétien*.

La famille est fortement constituée en Indo-Chine. Le père est le chef, sa femme et ses enfants sont soumis à son autorité absolue dans le droit annamite, mitigé par l'adoption partielle de notre code civil, mais très puissante par les mœurs. La polygamie est admise : on reconnaît les mariages de deuxième rang, analogues aux unions de second ordre des patriarches hébreux. Les femmes de second rang sont dénommées, en Chine, les *petites femmes*.

La base de la nourriture des Indo-Chinois est le riz bouilli, le poisson et les légumes.

Les Annamites mangent peu de viande, seulement du porc et des poules; parfois le bœuf, le buffle font apparition sur les tables, mais seulement lorsqu'un accident oblige à les abattre. Les sauces sont très-variées et très épicées ; une des plus employées est le *nuoc man*, fait avec de l'eau de mer, des petits poissons écrasés et des épices. Le goût du peuple est peu délicat; les indigènes n'apprécient les œufs que lorsqu'ils sont conservés à la chinoise. Tout est comestible pour eux, les chiens, les chats, les rats, les chauve-souris, les serpents, les vers à soie, les nids de l'hirondelle salangane. Cependant, l'Annamite est généralement sobre, et boit rarement l'eau-de-vie de riz ou *choum-choum* au goût empyreumatique et désagréable.

Les grands excès se font aux repas de cérémonie qui durent souvent deux jours et sont servis avec une grande abondance.

Les maisons sont généralement groupées par hameaux dans des bosquets touffus, semés çà et là dans les rizières. Elles sont entourées par des haies de bambous, percées de portes sans serrure qu'on tient ouvertes pendant le jour au moyen d'un bâton et qu'on laisse retomber à la nuit. Autour des cases s'étendent de petits jardins. Les maisons sont divisées par des cloisons en nattes pour former les différentes pièces. Aussi mal tenues, aussi malpropres que leurs habitants; ces cases, *ces paillottes*, comme les ont appelées nos soldats, servent à la fois aux hommes, aux chiens, aux porcs et à la volaille. Les maisons sont au ras du sol.

La langue annamite est monosyllabique, comme la plupart des langues de l'Extrême-Orient; de plus elle est chantante : le même mot, prononcé sur des tons différents, représente des idées différentes.

Pour l'écriture les Annamites se servent des caractères chinois *idéographiques*. Les missionnaires ont appliqué les lettres latines légèrement modifiées à l'écriture de la langue annamite; cette écriture *phonétique*, s'appelle *quoc ngu*.

La littérature n'est pas riche et se borne à quelques poèmes que les lettrés savent par cœur.

Voici, à titre de curiosité, quelques-uns de leurs proverbes :

« Plus l'arbre est élevé, plus il est exposé au vent; plus la réputation est grande, plus elle a de détracteurs. »

« Cent hommes sans langues. »

« Allumez un flambeau pour chercher la richesse, vous ne la verrez pas; prenez une épée pour tuer la pauvreté, la pauvreté vous suivra quand même. »

Je vous parle bien brièvement des coutumes des Annamites et je devrais pour être complet vous dire quelques mots des Cambodgiens, des Chams et des Moïs.

Les Chinois entrent pour 1/25e dans la population totale de la Cochinchine. On les rencontre à Cholon, Saïgon, Sadec et Soctrang. Les *Célestes* sont des commerçants habiles, des travailleurs adroits, âpres au gain, mais sachant néanmoins se contenter à l'occasion d'un maigre bénéfice. Tout le petit et une partie du grand commerce sont entre leurs mains; ils savent aussi bien que les colons se procurer, directement, les marchandises de l'Occident dans les pays d'origine.

Ils sont parfois redoutables par leurs associations secrètes, dont la principale est celle du *Ciel et de la Terre*, avec son centre à Baclieu, dans les plaines inondées de la presqu'île de Camau.

M. Le Myre de Vilers dut s'y rendre en personne, en 1882, pour arrêter ses agissements et son successeur, M. Thomson, a dû, au début des affaires du Tonkin, interner un certain nombre de Chinois hostiles.

En dehors des peuples dont je viens de vous parler,

il y a encore en Cochinchine des Indiens ou Malabars, des Malais et des Tagals de Manille, petites colonies qui s'y sont implantées et sont très-utiles.

IV

AGRICULTURE, COMMERCE, INDUSTRIE. PRODUITS ÉCONOMIQUES.

Mes auditeurs me pardonneront de les avoir arrêtés aussi longtemps sur l'organisation politique; j'ai pensé qu'au moment où se décide la question du Tonkin, il leur importait de connaître, par le menu, ce que nous avons fait en Cochinchine; ils pourront augurer, par des rapprochements qui viennent naturellement à l'esprit, de ce que nous devons faire sur le Song-Koï.

On ne fonde pas un établissement colonial en quelques mois : c'est l'œuvre du temps; mais notre réussite en Cochinchine présage bien de nos efforts dans le Delta.

A part quelques pointements de granite, la Cochinchine est formée par des alluvions modernes.

Notre colonie possède l'eau si nécessaire à la végétation, et son sol est en grande partie composé du limon fécondant apporté par les fleuves. Elle est riche en végétaux; nous citerons :

Parmi les végétaux alimentaires : le riz, le maïs, l'igname, l'igname patate, la patate, le millet, l'ananas, la canne à sucre, l'arbre à thé, les bourgeons d'aréquier, de palmier, de bananier, les jeunes pousses de bambous, plusieurs graminées : melon, pastèque, tomate, manioc, aubergine, haricot; des épices : poivre, muscade, girofle, canelle; des arbres fruitiers : cocotiers, grenadiers, citronniers, manguiers, bananiers, orangers, caféiers, letchis, pamplemousses, limons, cacaos, etc., etc.

Des plantes industrielles : tabac, mûrier, bétel, arékier, chanvre, coton, arrow-root, ortie de Chine, indigo, arbre à gomme laque, rocouyer, cardamome, etc., etc.

Parmi la flore pharmaceutique : aloès, gingembre, ricin, salsepareille, gentiane, hylang-hylang dont se parfument les dames.

Des plantes d'ornementation nombreuses, des espèces forestières multiples.

Le riz, dont la production peut être presque indéfiniment accrue, au moins centuplée, donne annuellement 800,000 tonneaux, représentant plus de 100 millions de francs. Au Tonkin, ce sera plus encore que le transit du Fleuve-Rouge, la source de nos revenus à venir.

Le riz est cultivé sur 550,000 hectares, la canne à sucre sur 4,335, le poivre sur 186 seulement; à Phu-Quoc, on a essayé avec quelque succès la canelle; les cocotiers et les arékiers occupent 52,221 hectares: l'huile de coco sert à la cuisine, à l'éclairage. Les Annamites s'en enduisent les cheveux, la coque sert à faire des tapis, des cordages; le café est planté sur 58 hectares, ce plant meurt, malheureusement à six ans, l'espèce *liberia* semble devoir mieux réussir.

La vigne sauvage, trouvée en 1872 par M. Martin, chez les Moïs, n'a encore donné que des promesses; l'ortie de Chine croît admirablement; on en fait des cordages, de la filasse, des hamacs, des filets de pêche; l'indigo réussit à merveille et semble devoir devenir une riche culture, on l'exploite surtout au Cambodge; le tabac pousse bien, mais il est incombustible et trop chargé de nicotine; le bétel, dont les champs ont l'aspect de houblonnières, est cultivé sur 4,300 hectares; il sert à envelopper la noix d'arec et forme avec elle la chique de l'Annamite, il stimule les glandes salivaires, active la digestion, mais il obscurcit l'intelligence; le mûrier prend 2,000 hectares; enfin, les forêts, favorisées pour le flottage par les fleuves, contiennent plus de 40 espèces tinctoriales et de beaux bois propres aux constructions navales, à la charpente et à l'ébénisterie. L'exploitation de 1881 représente une valeur d'environ 800,000 francs.

Les animaux sont : le singe, qui pullule, la loutre, le chien, le chacal, les tigres, la panthère, le léopard, le chat-tigre, le sanglier, etc.; les tigres vivent dans les forêts et au bord des fleuves.

Une prime est allouée pour leur destruction. Chaque année un certain nombre d'Annamites sont leurs victimes. Ils sont quelquefois très audacieux. C'est ainsi qu'en 1882, un employé du télégraphe, du cap Saint-Jacques, fermant la fenêtre, se trouva nez à nez avec un de ces carnassiers; cet employé eut la présence d'esprit de saisir son fusil et tua le tigre.

Les rats sont fort nombreux, les serpents abondent, les caïmans font l'objet d'un commerce. On trouve encore le rhinocéros, l'éléphant dans les provinces de Baria et de Bienhoa.

Les chevaux viennent du Cambodge, de l'Annam et du Binh-thuan, notre nouvelle province. C'est plaisir de voir l'ardeur de ces vaillants petits coursiers.

Les animaux domestiques sont encore : le bœuf, genre zébu, les buffles d'un gris cendré, rappelant la souris; les premiers viennent du Cambodge, les seconds du Laos.

Le régime agricole de la petite propriété et de la petite culture domine en Cochinchine. Chaque propriétaire exploite son champ dont il consomme le produit et vend la plus-value aux Chinois qui se sont emparés du petit commerce. Au point de vue politique, cette division du sol est très favorable et assure la sécurité : au début de notre domination, les rebelles et les pirates d'arroyos étaient presque tous des gens n'ayant pas de possessions foncières. Le gouvernement a compris la nécessité de développer le nombre des propriétaires, et les mesures prises pour obtenir ce résultat ont donné à la terre une valeur bien supérieure à celle qu'elle avait avant la conquête.

L'administration, pour faciliter les progrès agricoles, difficiles avec la petite culture, qui manque de capitaux, a créé divers établissements destinés à faire des essais et à donner des plants aux cultivateurs; tels sont le Jardin botanique et la Ferme des Mares.

La culture du riz demande, du 1er au 20 juillet, un semis préalable de la rizière inondée, appelée *ma*, et du 20 août au 10 septembre, soit 45 jours plus tard, un repiquage. La récolte dure six mois, de décembre à juillet. Les buffles servent à labourer le terrain et à le préparer. Le décortiquage se fait à la meule ou à l'aide de machines. Il y a deux usines à Cholon et une à Saïgon.

La coupe de la canne et la fabrication du sucre ont lieu dans la seconde quinzaine de janvier.

L'Annamite est presque entièrement adonné aux occupations agricoles et s'est laissé devancé dans les arts industriels par les Chinois établis dans son pays; ceux-ci, remarque-t-on avec raison, ont accaparé tous les métiers, tous les comptoirs, toutes les transactions; il n'est pas de village de l'intérieur où le véritable indigène ne soit ainsi, même pour les besoins ordinaires de la vie, le tributaire d'un étranger qui s'enrichit à ses dépens par l'usure. Aussi, comme l'agriculture, l'industrie annamite laisse-t-elle beaucoup à désirer et, par malheur, son infériorité n'est pas compensée par la merveilleuse fécondité du sol.

La pêche est une des principales industries de nos sujets. Elle s'imposait d'elle-même, dans un pays baigné de deux côtés par la mer, sillonné par des cours d'eau, par les arroyos et couvert en partie par des blancs d'eau où des myriades de poissons se retirent pendant la saison sèche.

La pêche fluviale dure de décembre à janvier. La plus importante est celle du Tonlé-Sap ou Grand-Lac, au Cambodge; 12 à 14,000 individus, hommes, femmes et enfants, y sont employés. En novembre les pêcheurs partent, emportant de quoi se construire une paillotte; il se crée ainsi des villages temporaires, les pêcheurs forment des associations que le gouvernement protège contre les pirates par l'envoi de canonnières.

Après la pêche, on décapite le poisson ; de retour au village on l'ouvre, on le vide, on le lave avec soin, on le saupoudre de sel, puis il est exposé au soleil. Ainsi salé et séché, il est bon pour la vente. Une des préparations les plus curieuses est celle du nuoc-mam.

Le poisson est tassé, avec du sel, dans un grand cuvier en bois, et abandonné pendant deux mois à la putréfaction. Il se forme une masse pâteuse, exhalant une odeur infecte, et au milieu de laquelle pullulent des vers blancs, puis un liquide se sépare, offrant l'aspect de l'huile de poisson mal épurée. On recueille ce liquide au moyen d'une ouverture percée latéralement vers le fonds du cuvier, on le fait bouillir, puis on laisse déposer dans des vases de terre cuite.

Les indigènes font aussi de l'eau-de-vie de riz.

L'industrie sucrière a encore de grands progrès à faire, les usines centrales sont à préconiser.

La fabrication de l'huile de coco donne lieu à une petite industrie, particulièrement à Mytho et au cap St-Jacques, où le phare consomme environ 4,000 kilogrammes.

Les forêts pourraient alimenter des scieries mécaniques.

Les Annamites construisent vite et solidement leurs sampans, bateaux qui leur servent de moyen de locomotion et souvent de maisons.

L'argile est une des ressources les plus précieuses de la Cochinchine et sert à mille usages. Les fabriques de poteries sont à Cholon, Rachgia, Tay-ninh, Baria et Bien-hoa. La faïence est faite à Cholon par un Chinois. Le kaolin se trouve, mais il a une teinte bleuâtre.

Le bronze est fondu à Vinh-Long et à Choquan, près de Saïgon. On fait des cloches, des gongs, des brûle-parfums.

La soie est rude, mais avec des machines on obtiendra de grands résultats.

Les véritables industries nationales sont la fabrication des nattes et des éventails dans l'arrondissement de Rachgia, l'orfèvrerie et l'incrustation.

La Cochinchine française, sans avoir une position géographique aussi heureuse que celle de Singapour, à l'extrémité du détroit de Malacca, est bien située sur la route de l'Inde à la Chine et au Japon, à égale distance de Hong-Kong et de Singapour (1). Elle est à peu de distance de Siam, des Philippines et de Batavia et est le débouché naturel des produits du Laos.

Les fleuves et les nombreux canaux ou arroyos facilitent le transport des marchandises, les routes ont été améliorées depuis notre conquête et Saïgon peut devenir un des ports les plus actifs de l'Extrême-Orient.

La valeur des importations et celle des exportations se balancent à peu près avec une légère plus-value en faveur des premières.

Les importations comprennent surtout les métaux et les outils, le thé de la Chine, les vins et spiritueux de France, la chaux du Cambodge, le papier, l'opium, le tabac, les tissus anglais, les sucres raffinés, les porcelaines, les faïences, les poteries d'Europe et de la Chine, les huiles,

(1) 1,700 kilomètres environ.

les farines, la houille, les articles de Paris, les médecines chinoises, les conserves alimentaires et les salaisons d'Europe et de la Chine.

Les exportations portent principalement sur le riz qui constitue les trois quarts de leur valeur totale, sur le poisson sec et salé, la colle de poisson, le coton, les légumes secs (haricots de Baria et du Cambodge), les peaux, les soies grèges, le poivre, les huiles, la graisse de porc, la noix d'arec, les cocos, l'indigo, les plumes, la cire et le miel, le cardamome, l'ivoire, l'écaille de tortue, le goudron, les cornes de cerf, le sel pour la saumure du poisson du Cambodge, les bois de teinture, de construction et d'ébénisterie, les chinoiseries et les incrustations, la gomme-gutte, la gomme-laque, etc.

Les exportations augmentent chaque année. Cela tient à notre connaissance plus complète du pays et à la tranquillité qui y règne. Les échanges à l'intérieur sont devenus plus faciles par la multiplicité des communications. L'administration fait tous ses efforts pour créer de nouveaux débouchés. Le commerce extérieur se fait surtout avec Hong-Kong et Singapour par où passent presque tous nos produits exportés.

Le riz est le véritable thermomètre de la prospérité de la colonie. Le marché de la Chine n'est pas le seul qu'il faille exploiter; il faut, si l'on veut assurer la prospérité définitive de Saïgon, lui ouvrir Manille et l'Australie.

Notre commerce n'a malheureusement qu'une seule ligne directe sur l'Europe, celle des *Messageries maritimes*.

Dans les dernières années (1876 à 1881), l'ordre des pays étrangers, dans les exportations de riz, était le suivant Hong-Kong et la Chine, Java, Singapour, l'Europe, les Philippines, les colonies françaises, l'Amérique et la France pour mémoire seulement.

Jusqu'à présent le riz de Cochinchine a été mal coté sur les places d'Europe, de sorte qu'il s'exporte peu sur cette destination. Mais lorsque les moyens de communication seront, dans un avenir prochain, rendus plus faciles et plus rapides, les exportateurs pourront traiter directement avec les producteurs. Alors les bonnes qualités de riz arriveront à Saïgon. Jusqu'ici les intermédiaires chinois, qui ont un véritable monopole, ont la fâcheuse habitude de mélanger les différentes espèces de grains, supérieurs et inférieurs, et d'y laisser les brisures. La marchandise devient impropre à l'exportation européenne; les bonnes qualités se trouvent réunies aux inférieures; celles-ci gâtent les premières sans améliorer les secondes. Du jour où les Européens pourront adresser directement leurs demandes aux cultivateurs indigènes, ils pourront se procurer des riz de bonne marque.

Les bois de teinture proviennent du Cambodge et s'expédient surtout en Chine et un peu sur le Havre. Les bois de construction sont recherchés à Canton et dans le nord de la Chine. La gomme-gutte et la gomme laque ont leur marché à Londres.

Les légumes secs sont demandés à Singapour et en Chine, les nattes et les sacs en paille à Singapour pour être réexpédiées sur Bangkok.

Les sucres bruts ont leur débouché, encore peu considérable, en Chine, à Singapour et dans les îles des Straits Settlements.

Les produits de la pêche sont expédiés à Singapour, en Chine et dans les Indes néerlandaises.

Les exportations de toute nature se sont élevées :

en 1879 à	1.528.276	piastres,
en 1880 à	1.825.179	—
en 1881 à	3.426.145	—

Le commerce avec le Siam a lieu surtout par les ports d'Hatien et de Rachgia.

La route de terre passe par Phnum-Penh, Battambang et aboutit à Bangkok. Un traité de commerce a été signé le 15 août 1856.

La ligne de bateaux à vapeur, de Phnum-Penh à Battambang, avec voyage autour du lac, donne déjà de beaux résultats. Battambang est, en effet, le point le plus important de toute cette région et le débouché naturel de tous les produits du Laos. Les relations avec ce pays prennent une certaine importance et tendent à se développer de plus en plus, par suite du service des Messageries de Cochinchine, qui permet d'amener rapidement les marchandises laotiennes sur les marchés de Saïgon et de Cholon.

Les principales exportations de Battambang sont en première ligne le riz, dont la quantité exportée est évaluée par la douane siamoise à 80,000 piculs; puis le coton, le poisson salé (valeur considérable), les peaux, les cornes, les cardamomes, les gommes, la cire, les plumes, l'ivoire, les os d'éléphant, les cornes de rhinocéros.

Le commerce maritime avec le Cambodge a lieu entre la ville cambodgienne de Kampot et les ports français de Hatien et de Rachgia.

Les ports maritimes sont Saïgon (port franc, depuis le 23 février 1860, par une décision de l'amiral Page,) Hatien, Rachgia, Camau et Cangio; les ports fluviaux Mytho, Vinh-Long, Chaudoc, Sadec et Cholon.

L'importance commerciale du port de Saïgon est considérable.

En 1881, 358 vapeurs, formant environ les trois quarts du tonnage total des navires au long cours, sont entrés dans le port; 184 étaient anglais : sur deux navires, un bat presque toujours le pavillon britannique. La marine française ne vient qu'en seconde ligne (95 navires), malgré les escales régulières des Messageries maritimes. Le troisième rang appartient à la navigation allemande (37 vaisseaux). Le mouvement annuel du port, pendant la période de 1870 à 1881, soit pendant douze ans, a été en moyenne de 443 navires à l'entrée et de 449 navires à la sortie, de 315,876 tonneaux à l'entrée et de 317,982 tonneaux à la sortie des navires au long cours, laissant de côté le mouvement des jonques chinoises et des barques de mer annamites. Ces embarcations asiatiques font le cabotage. Les jonques ont des formes massives, les voiles triangulaires se reploient autour des vergues comme un pavillon autour de la hampe; elles sont montées par un équipage moyen de vingt-cinq hommes, et les barques annamites, par un équipage de 6 à 7 hommes. Ces petits bâtiments viennent du Cambodge, du Tonkin, de l'Annam et même d'Haïnan; ils ont un tirant d'eau peu considérable et naviguent facilement dans les cours d'eau où les bateaux d'un fort tonnage ne pourraient pénétrer.

Le port de Saïgon a un dock flottant de 91 mètres de longueur mis à l'eau en juillet 1866. Il devait être muni d'un second bassin construit au Creusot; malheureusement ce deuxième dock a été coulé à la fin de 1881 dans la rivière dont il obstrue la navigation. Cette perte très regrettable pour la colonie doit être réparée par la construction d'un bassin de radoub actuellement à l'étude.

L'année 1882 a fourni aux exportations : 315,029 piastres pour la France et 11,497,386 piastres pour l'étranger, déduction faite de 659,348 piastres pour les métaux précieux.

L'Allemagne, l'Annam, l'Autriche-Hongrie, la Belgique, le Danemark, l'Espagne, la Grande-Bretagne, l'Italie, les Pays-Bas, le Portugal et le Siam ont des consuls à Saïgon.

Au début de la conquête française, les Annamites, comme les négociants ou intermédiaires chinois, se montrèrent inquiets; le pays était en état de guerre, sans cesse parcouru par des colonnes, troublé par des révoltes. Les habitants ne cultivèrent que les champs indispensables à la production de leur nourriture. Mais, comme les Chinois, ils reprirent bientôt confiance et se remirent avec ardeur aux travaux de l'agriculture. Le commerce prit bientôt une grande importance, parce que nous apportions avec nous la liberté de l'exportation et de l'importation, autrefois soumises à des mesures restrictives imposées par les mandarins; il prit un nouvel essor lorsque le refus de ratification du traité qui rétrocédait la Cochinchine à Tu-Duc montra que nous entendions garder le pays et assurer son avenir, et quand l'occupation des provinces occidentales par l'amiral de la Grandière eut fait cesser les troubles antérieurs. La richesse publique se développa avec rapidité; l'agriculteur, assuré d'écouler son riz à des prix rémunérateurs, sur les places de Hong-Kong et de Singapour, doubla ou tripla sa production; il apprit bientôt à spéculer sur les grains et à garder sa récolte dans ses greniers pour ne la vendre qu'à un cours élevé.

Les centres de commerce les plus importants sont ceux de Saïgon, Cholon, Gocong, Mytho, Vinh-Long, Sadec, Chaudoc, Hatien; Rachgia, Bay-Xau dans l'arrondissement de Soctrang, Tayninh pour les bois de construction et d'ébénisterie, Thu-daumot pour les huiles et les résines forestières et les bois de construction des barques.

Le petit commerce intérieur et une partie du grand sont entre les mains des Chinois. Les échanges se font souvent dans les marchés (cho), établis par les municipalités ou par l'Etat. Les marchés construits par l'Etat, cédés depuis deux années aux villages, et ceux des communes sont exploités par le délégué du conseil des notables.

La Cochinchine à adopté la piastre comme monnaie; elle a dû, comme les possessions britanniques voisines, Hong-Kong, Singapour et l'Inde, faire usage de l'étalon d'argent pour se conformer aux habitudes du marché de l'Extrême-Orient. La piastre vaut environ 4 fr. 56. Depuis 1879, on a mis en circulation une monnaie divisionnaire spéciale à notre colonie, pièces de 50, de 20 et de 10 cent. en argent et pièces en bronze de 1 cent.

Pour l'usage des Annamites, on a fait des sapèques de cuivre, de 20 millimètres de diamètre, 8/10 de millimètre d'épaisseur, pesant 2 grammes avec un trou carré central de 5 millimètres de côté. Ces pièces ne sont admises dans les caisses publiques qu'en ligatures complètes de 100 sapèques valant 20 centimes. Nos pièces divisionnaires d'argent ont été parfaitement accueillies sur le marché, même dans les colonies voisines.

Le taux de l'intérêt de l'argent était très élevé sous la domination annamite; le taux égal atteignait 36 o/o. C'était là un des plus grands obstacles au développement de l'agriculture dans une contrée où l'indigène, faute de prévoyance, manque de capitaux de premier établissement. Il était obligé, pour acheter les semailles, d'emprunter aux grands propriétaires, qui ne tardaient pas à s'emparer des terres des créanciers, devenus insolvables par suite de l'élévation du prix de l'argent : la petite propriété tendait à disparaître et une partie des cultivateurs allaient être réduits à état de serfs agricoles.

Quant aux Européens, ils arrivaient souvent aussi sans avances et étaient également obligés de contracter des engagements qui les conduisaient fatalement à la ruine. Des établissements de banque européens, fondés à Saïgon, contribueront à mettre le crédit à des taux plus modérés. Trois banques anglaises ont des bureaux dans la capitale de notre colonie. Plusieurs autres maisons de banque font aussi des opérations de crédit ; enfin, la *Banque de l'Indo-Chine,* créée pour nos possessions de l'Inde et de l'Indo-Chine, par décret du 21 janvier 1875, jouit des privilèges accordés aux banques coloniales. Elle émet des billets au porteur reçus dans les caisses du Trésor, et fait des prêts sur les récoltes et les marchandises. Ces prêts se sont élevés, en 1880, à 29,458 piastres. Les billets émis sont des coupures de 5, 20 et 100 piastres.

Le mouvement des affaires de la Banque s'est élevé en 1882 à 60.131.517 fr. 73.

L'action des banques commence déjà à se faire sentir par la diminution du taux de l'intérêt. Au mois de mars 1882, la Hong-Kong Bank a prêté à 7 o/o; jusqu'en 1880, on n'obtenait de prêts qu'à raison de 15 o/o, même avec la garantie de l'administration : les capitalistes semblent commencer à avoir confiance dans l'avenir de la colonie; c'est là un fait économique d'un heureux augure.

Des compagnies privées pourraient donner des dividendes supérieurs et l'on peut, sans se tromper, affirmer que l'avenir des colonies dépend de l'initiative que prendront à bref délai, nous l'espérons du moins, les *sociétés de colonisation* de réunir des fonds pour l'exploitation de nos possessions.

Si ces sociétés, qui semblent devoir se créer très prochainement, n'étaient point suffisantes, il est un autre moyen très efficace pour rendre les colonies prospères.

A l'instar des colonies anglaises, qu'elles recourent à

l'emprunt sur le marché métropolitain, et bientôt elles trouveront les ressources nécessaires pour créer un puissant outillage économique et développer leur commerce.

Dans cet ordre d'idées, la Cochinchine nous semble la colonie la mieux préparée à prendre un essor considérable.

Saïgon possède une Chambre de commerce qui rend les plus utiles services.

Au début de l'occupation, les travaux étaient donnés de gré à gré à quelques entrepreneurs, presque tous anciens soldats qui s'étaient fixés dans le pays. Actuellement le service des travaux publics est bien organisé et les ouvrages à exécuter sont l'objet d'une adjudication au rabais, conformément aux usages de la métropole.

Le service des travaux publics est composé d'un ingénieur en chef des Ponts-et-Chaussées, directeur. Il a sous ses ordres un ingénieur ordinaire chargé spécialement des routes, ponts, canaux, phares; d'un architecte princip la des bâtiments civils. L'ingénieur ordinaire, appelé chef du service des travaux publics, a sous sa direction des sous-ingénieurs, des conducteurs, des piqueurs et des surveillants selon les besoins du service.

Les Chinois sont aptes aux travaux de maçonnerie et les Annamites au travail des métaux.

La Cochinchine correspond avec la métropole au moyen de paquebots et de transports :

1° Des transports de l'État partant tous les deux mois de Saïgon et de Toulon, et tous les mois pendant la campagne du Tonkin;

2° Des paquebots de la *Compagnie des Messageries maritimes*, dont le service est bi-mensuel, et des escales établies à Port-Saïd, Suez, Aden, Pointe de Galles et Singapour;

3° Des paquebots d'une compagnie anglaise dont le service est également bi-mensuel, et qui s'arrêtent à Singapour en venant de France. Ces courriers correspondent avec Saïgon au moyen des bateaux qui font le trajet entre les deux ports. Au mois de janvier 1882, on a inauguré la ligne de Poulo-Condore-Singapour en concordance avec la malle anglaise et celle de Saïgon au Tonkin.

La ville de Saïgon est reliée aux colonies voisines et aux ports de rivière par 46 courriers mensuels réguliers (intérieur 38, Chine 2, Singapour 4, Tonkin 2). Les Messageries maritimes ont trois paquebots en station et ce nombre sera doublé si la tête de la ligne du Japon est, suivant la demande du Conseil colonial, reportée de Hong-Kong à Saïgon, avec escale à Manille. Nous avons quelques caboteurs à vapeur. La navigation sur l'Annam et le Tonkin, grâce à la création d'un service régulier et bi-mensuel entre Saïgon, Quin-nhon, Tourane et Haïphong, prend un développement considérable.

Au début de notre conquête, les communications terrestres étaient difficiles; aussi les voies fluviales étaient-elles les plus fréquentées, ce qui accrédita l'opinion, aujourd'hui reconnue fausse, que les Annamites préféraient leurs sampans et leurs barques à tout autre mode de locomotion.

Une compagnie de navigation à vapeur, celle des

Messageries fluviales de Cochinchine, est subventionnée par le gouvernement. Elle assure, dans l'intérieur de la colonie, le service avec Mytho et Phnum-Penh par Vinh Long, Sadec, Soctrang, Chaudoc et Bentré. Elle fonctionne depuis les premiers mois de 1882 et remplit le vœu de l'administration qui était de faire desservir nos chefs-lieux tous les jours ou tous les deux jours, de relier les marchés importants de l'ouest, Vung-Liem, Cho-Lach, Baké à Saïgon, le port exportateur, et de permettre l'arrivée facile, à Saïgon, des produits agricoles et industriels du Laos et du Cambodge, descendus par le Mékong.

De nouveaux canaux ont été creusés depuis notre établissement pour faciliter la navigation des bateaux à vapeur, et de grands projets d'amélioration des voies navigables ont été conçus dans ces derniers temps. Ainsi le canal de Vinh-té, qui met en communication le port de Hatien avec le Bassac et avec Saïgon, doit être amélioré et approfondi pour permettre le passage de bateaux d'un assez fort tonnage. L'importance de ce canal deviendra de plus en plus considérable si on perce l'isthme de Kra (péninsule malaise).

Les routes, améliorées pendant ces dernières années, ne faisaient pas défaut sous la domination annamite. Gia-Long avait employé ses ingénieurs français à réparer une voie ancienne partant de Hué et aboutissant à Mytho, en passant par Long-thanh, Bien-hoa, Saïgon et Cholon ; il ouvrit, entre les chefs-lieux de province, de nouvelles artères larges de 15 à 20 mètres, bordées d'arbres, franchissant les arroyos secondaires et parfois des rachs de 80 mètres de largeur, sur une multitude de ponts ; il y établit des relais et des postes militaires pour la protection du commerce. Ces routes, si elles ne présentaient pas la perfection de nos ouvrages similaires, font honneur au grand empereur et suffisaient amplement aux besoins d'une population agricole.

La création de routes terrestres s'impose à l'administration de la colonie. En effet, il est maintenant reconnu que, malgré la multiplicité des arroyos et des *rachs*, le réseau naturel fluvial de la Basse-Cochinchine se borne aux grandes artères, les bras du Mékong, le Donnaï, la rivière de Saïgon, une partie de Vaïcos. Ces cours d'eau ont un débit propre considérable qui maintient une profondeur suffisante pour la navigation en tout état de la marée ; ce réseau de voies navigables, d'un développement de 600 kilomètres, encore à améliorer sur certains points, est insuffisant pour le service de toutes les transactions commerciales de la colonie, surtout pour celles des provinces orientales traversées par le cours supérieur du Donnaï et de la rivière du Saïgon.

D'ailleurs, les arroyos disparaîtront fatalement par le colmatage naturel du pays et on ne pourra jamais, sauf pour quelques voies les plus importantes, lutter contre leur envahissement par les millions de mètres cubes de vase déposés chaque année dans leur lit, et un jour il ne restera à la navigation que les grandes voies fluviales dont nous parlions plus haut.

Le gouvernement a successivement reconnu et classé les routes, les chemins, les arroyos, ouvert et empierré les chaussées et construit des ponts. Il a, par une heureuse imitation de la métropole, divisé les routes en routes coloniales, routes d'arrondissement, chemins de grande communication et chemins vicinaux. Les routes coloniales sont destinées à relier les centres les plus importants et à servir d'amorces aux routes d'arrondissement; elles suivent les grands courants de circulation et empruntent presque partout le tracé des voies annamites adopté par Gia-Long. La longueur des routes coloniales a été fixée à 939 kilomètres, représentant une dépense de 28,170,000 fr. Les routes d'arrondissement auront un développement de 2,049 kilomètres. C'est une dépense totale de 70 millions pour un réseau de 3,000 kilomètres.

Un chemin de fer entre Saïgon et Mytho, avec prolongement éventuel vers Phnum-Penh et Laos, va bientôt modifier les régions qu'il traverse.

D'immenses espaces seront cultivés, l'Annamite cessera d'être tributaire du Chinois et pourra venir lui-même vendre son riz à Saïgon.

Un tramway relie Saïgon à Cholon et transporte journellement près de 2,000 voyageurs.

Un câble sous-marin relie la Cochinchine aux télégraphes de l'Inde et de l'Europe, à ceux du Japon et de la Sibérie, enfin au Tonkin.

Une communication aérienne sera bientôt établie entre Hanoï et Haïphong. Enfin, Saïgon correspond, télégraphiquement, avec Bangkok (Siam), par Battambang.

Ce rapide exposé, qui eût demandé plus de temps et une autre autorité que la mienne pour être développé comme il le mérite, vous donnera une idée de ce que nous avons fait depuis vingt-cinq ans en Cochinchine et des ressources de toute nature de l'Indo-Chine.

V

CONCLUSION

Si, maintenant, nous jetons un regard sur le Tonkin, nous y trouvons des produits économiques semblables, mais plus abondants, une faune et une flore forestière plus variées, des richesses minérales inconnues à la Cochinchine, une population aussi laborieuse, mais plus dense, plus facilement assimilable que les Annamites de Cochinchine, parce que le peuple y a été davantage pressuré par les exactions des mandarins.

Avant la conquête de la Basse-Cochinchine, l'Annam avait deux greniers d'abondance, le delta du Mékong, et celui du fleuve Rouge.

L'établissement de notre colonie lui a retiré le premier, il a lutté pour la conservation du second avec l'énergie du désespoir. Cela a été au sens rigoureux de l'expression, ce que les Anglais appellent « *the struggle for life* ».

L'Annam a été vaincu. Une civilisation plus forte que la sienne l'a emporté sur ses *illusions*, et aujourd'hui il lui faut, de concert avec nous, trouver un *modus vivendi*, qui lui permette de ne pas périr.

Seul, pour le moment, le protectorat peut le lui

donner. A l'abri du drapeau français, le Tonkinois doit recouvrer les libertés dont il est sevré depuis tant de siècles; il importe également que sous l'égide du protecteur, le gouvernement annamite trouve l'aliment nécessaire à sa vie matérielle en même temps qu'à sa régénérescence morale.

C'est un ardu problème mais qui n'est point au-dessus de ce qu'on peut attendre d'une grande nation, habituée à féconder, par sa puissance intellectuelle, les peuples de civilisation inférieure.

Une nation tout entière ne peut disparaître par la conquête, il faut qu'elle vive, et, plus douce est la loi du vainqueur, plus l'assimilation du vaincu est facile.

La douceur n'exclut pas la fermeté : avec les peuples de race jaune, l'esprit de justice, la décision, la volonté sont absolument nécessaires.

Protégeons, mais exigeons que notre protection soit méritée, — *qu'elle devienne une tutelle recherchée et non un joug subi.*

Là est le secret du protectorat et celui qui saura le faire comprendre de la sorte aura résolu, au mieux de nos intérêts, et au profit du bien-être de nos protégés, la lourde tâche d'appeler à la civilisation un royaume plié, jusqu'à ce jour, sous le joug du despotisme.

Les grandes nations d'Europe font, seules, leur 1789.

Les États de l'Extrême-Orient ont besoin, pour naître à la liberté, de l'aide des Occidentaux. Il manque aux Asiatiques ce sang généreux qui se révolte contre l'injustice, et rompant ses entraves, fait jaillir les réformes.

En Asie, les institutions sont plus fortes que dans notre vieille Europe ; sur notre continent, les hommes, au contraire, valent mieux que les lois qui les régissent et tendent sans cesse à briser les liens qui les enserrent ; à leurs poumons, chaque jour plus puissants, il faut un air moins chargé. Ils ne peuvent vivre sans respirer, mais ils veulent satisfaire ce besoin de leur être dans les conditions les plus hygiéniques : de là, leur constante préoccupation d'assainir le milieu de leur existence, et de rendre pure l'atmosphère de leur vie.

C'est ce besoin latent de l'être humain, si développé chez l'Européen, qu'il faut rendre insatiable chez l'Annamite.

Plus ses exigences seront grandes, moins notre tâche sera difficile.

Au début de notre protectorat, nous devons songer, avant tout, à inoculer une vie nouvelle à ces peuples enfants. Le reste viendra par surcroît — Si vieille que soit la sève, elle peut encore produire de grands résultats.

Élaguons, sans hésitation, les rameaux où elle ne peut circuler, et par ce sacrifice nécessaire, préservons de la mort l'arbre lui-même.

Le rôle de la France est avant tout moral. *Là, où souffle son génie, se multiplient les richesses.*

Le peuple n'est riche que quand il est libre, et sa prospérité matérielle est la conséquence de sa culture intellectuelle, de son niveau social.

Galvanisons l'Annam, mais, en médecin habile, proportionnons notre médication à l'état du malade.

Que ce soit par la persuation et non par la violence qu'on accepte nos ordonnances. La convalescence, la guérison du *dragon* qui symbolise l'empire d'Annam, dépendent de nos soins vigilants. Pour ce royaume, comme pour tant d'autres, nous serons *le bon docteur*.

Le gouvernement de la République a bien commencé, et si, pour cicatriser les plaies, le fer rouge est indispensable, dès qu'elles sont fermées, on doit y répandre les parfums précieux sous lesquels disparaissent toute trace et s'épanouit la vie.

Le Tonkin une fois organisé, notre possession de la Cochinchine, qui n'est géographiquement *qu'un cul-de-sac*, prospère, il est vrai, aura un débouché vers la Chine et prendra une assiette territoriale plus étendue.

La Basse-Cochinchine ne pouvait être que l'amorce de l'empire indo-chinois.

Vos pensées, comme les nôtres, se reportent naturellement vers nos vaillants soldats qui combattent au Tonkin pour la civilisation et la cause du progrès.

Ils nous préparent là un magnifique champ à labourer.

Un jour viendra, nous l'espérons, où nous pourrons vous entretenir en détail du Tonkin, comme nous venons de le faire de la Cochinchine.

C'est notre plus cher désir.

www.ingramcontent.com/pod-product-compliance
Ingram Content Group UK Ltd.
Pitfield, Milton Keynes, MK11 3LW, UK
UKHW031959260826
14628UKWH00005B/2170

9 782019 683283